AF330546

APPARITION DE LA STE-VIERGE.

CANTIQUES ET LITANIES

DE N.-D. DE LA SALETTE

ET

CERTIFICAT POUR L'ARCHICONFRÉRIE.

CHEZ LES PP. MISSIONNAIRES DE N.-D. DE LA SALETTE (Isère).

1861.

Publiés avec l'approbation de l'Ordinaire.

692. — Grenoble, impr. de Prudhomme.

APPARITION

DE LA

SAINTE-VIERGE.

Eh bien! mes enfants, vous le ferez passer à tout mon peuple.

(Paroles de la Ste-Vierge aux deux Petits Bergers de la Salette.)

On a essayé, dans ces modestes Cantiques, de reproduire les enseignements de la Sainte-Vierge sur la montagne de la Salette, avec les circonstances principales de son Apparition, et d'exprimer les sentiments qu'ils font naître dans les cœurs. Pour faciliter l'intelligence de ces chants pieux, il nous paraît utile de les faire précéder d'un précis historique de l'Apparition, renfermant le texte intégral du *Discours* prononcé par la Sainte-Vierge. Ces paroles ont, en effet, la vertu secrète de toucher les cœurs, et doivent être transmises au peuple chrétien, suivant l'ordre exprès de la Sainte-Vierge : « Vous le ferez passer à tout mon peuple. »

L'Apparition eut lieu le 19 septembre 1846, vers les trois heures de l'après-midi : c'était le samedi des Quatre-Temps, aux Premières Vêpres de Notre-Dame des Sept Douleurs.

Le jour était beau, le ciel pur et sans nuages. Deux jeunes bergers, Maximin Giraud, âgé de onze ans, et Mélanie Mathieu, âgée de quatorze ans, paissaient leurs troupeaux de vaches sur la montagne du *Planeau*, à une hauteur de 1800 mètres. Vers l'heure de midi, ils arrivaient dans le petit ravin creusé par le ruisseau dit Sézia. Un instant après, ils prenaient leur frugal repas, sur le bord du Sézia, à côté d'une petite fontaine, alors à sec; puis ils s'endormaient à quelques pas l'un de l'autre. A leur réveil, ils gravissent rapidement le flanc du ravin, et, d'un regard inquiet, ils cherchent leurs troupeaux. Les ayant découverts non loin du ravin, ils redescendaient vers le lieu de leur sommeil, lorsqu'ils aperçurent, sur les bords de la fontaine tarie, une clarté plus éblouissante que le soleil. Et aussitôt, le globe lumineux s'entr'ouvrant, ils virent au sein de la clarté, *une Dame* assise sur une pierre, dans l'attitude de la douleur, les

coudes sur ses genoux, et le visage dans ses mains. A peine les jeunes bergers, dans leur frayeur, avaient eu le temps de s'adresser quelques paroles, que la *belle Dame* se leva, croisa légèrement les bras, et leur dit d'une voix douce :
« Avancez, mes enfants, n'ayez pas peur ; je suis
» ici pour vous conter une grande nouvelle. »

A cette voix, les enfants s'approchèrent sans crainte de la Sainte-Vierge qui, de son côté, fit quelques pas. Elle leur dit alors en versant beaucoup de larmes :

« Si mon peuple ne veut pas se soumettre, je
» suis forcée de laisser aller le bras de mon Fils.
» Il est si lourd et si pesant, que je ne puis plus
» le retenir.
» Depuis le temps que je souffre pour vous au-
» tres ! Si je veux que mon Fils ne vous aban-
» donne pas, je suis chargée de le prier sans
» cesse. Et pour vous autres, vous n'en faites
» pas cas.
» Vous aurez beau prier, beau faire, jamais
» vous ne pourrez récompenser la peine que j'ai
» prise pour vous autres !
» *Je vous ai donné six jours pour travailler,*
» *je me suis réservé le septième, et on ne veut pas*

» *me l'accorder*. C'est ça qui appesantit tant le
» bras de mon Fils.

» Ceux qui conduisent les charrettes ne savent
» pas jurer sans y mettre le nom de mon Fils au
» milieu.

» Ce sont les deux choses qui appesantissent
» tant le bras de mon Fils.

» Si la récolte se gâte, ce n'est rien qu'à cause
» de vous autres; je vous l'ai fait voir l'année
» dernière, par la récolte des pommes de terre;
» vous n'en avez pas fait cas. C'est au contraire,
» quand vous trouviez des pommes de terre gâ-
» tées, vous juriez, vous mettiez le nom de mon
» Fils. Elles vont continuer à pourrir, et à Noël
» il n'y en aura plus. »

C'est ici que la Sainte-Vierge, pour se mettre
mieux à la portée des enfants, commença à leur
parler patois. Elle reprit l'alinéa précédent dont
l'intelligence avait surtout échappé à la jeune
bergère, et continua son discours jusqu'à la fin,
dans le même idiome.

« Si vous avez du blé, il ne faut pas le semer.
» Tout ce que vous sèmerez, les bêtes le mange-
» ront; ce qui viendra tombera tout en poussière
» quand vous le battrez. Il viendra une grande

» famine. Avant que la famine vienne, les petits
» enfants au-dessous de sept ans prendront un
» tremblement, et mourront entre les mains des
» personnes qui les tiendront ; les autres feront
» pénitence par la famine. Les noix deviendront
» mauvaises, les raisins pourriront. »

A ce moment, la Sainte-Vierge donna succes-
sivement aux deux bergers leurs secrets, restés
impénétrables jusqu'à ce jour. Puis elle pour-
suivit :

« S'ils se convertissent, les pierres et les ro-
» chers se changeront en monceaux de blé, et
» les pommes de terre se trouveront ensemencées
« par les terres. »

— « Faites-vous bien votre prière, mes en-
» fants ?

— » Oh ! non, Madame, pas guère, » répondirent les bergers.

— « Ah ! mes enfants, dit la Sainte-Vierge, il
» faut bien la faire soir et matin. Quand vous
» ne pourrez pas mieux faire, dire au moins un
» *Pater* et un *Ave Maria*, et quand vous aurez le
« temps, en dire davantage.

» Il ne va que quelques femmes un peu âgées

» à la messe. Les autres travaillent le dimanche
» tout l'été, et l'hiver, quand ils ne savent que
» faire, ils ne vont à la messe que pour se mo-
» quer de la religion. Le Carême; on va à la bou-
» cherie comme des chiens.

— » N'avez-vous jamais vu du blé gâté, mes
» enfants? »

Les enfants répondirent qu'ils n'en avaient jamais vu. Alors la Sainte-Vierge, s'adressant à
Maximin : « Mais toi, mon enfant, dit-elle, tu
» dois bien en avoir vu une fois, avec ton père,
» vers la terre du Coin. Le maître de la pièce
» dit à ton père : « Venez voir mon blé gâté. »
» Vous y allâtes tous les deux. Il prit deux ou
» trois épis dans sa main, et puis il les froissa,
» et tout tomba en poussière. Ensuite, en vous
» en retournant, quand vous n'étiez plus qu'à
» demi-heure loin de Corps, ton père te donna
» un morceau de pain, en te disant: « Tiens,
« mon petit, mange ce pain, car je ne sais pas
« qui en mangera l'an qui vient, si le blé con-
« tinue comme ça. »

Et le jeune enfant répondit : « C'est bien vrai,
» Madame, je ne me le rappelais pas.»

La Sainte-Vierge dit alors en français :

« Eh bien, mes enfants, vous le ferez passer à
» tout mon peuple. »

Puis Elle traversa le petit torrent, et, à deux
pas au delà, Elle dit une seconde et dernière
fois :

« Eh bien, mes enfants, vous le ferez passer à
» tout mon peuple. »

Après ces paroles, sans toucher la terre, sans
faire plier l'herbe sous ses pas, ses pieds demeu-
rant immobiles, la Sainte-Vierge, dans sa mar-
che toute céleste, gravit le flanc du ravin, à l'o-
rient. Arrivée sur le petit plateau qui domine,
Elle s'éleva dans l'air, à la hauteur de quatre ou
cinq pieds. Elle regarda le Ciel et puis la terre,
et disparut graduellement aux yeux des petits
bergers qui se trouvaient à côté d'Elle.

Le costume de la Sainte-Vierge était sévère et,
en général, blanc. Son front était ceint d'une
couronne de roses aux diverses couleurs; des
roses semblables formaient une guirlande sur les
bords de son fichu et au-dessous de ses souliers.
Sur sa poitrine on voyait, suspendue à une petite
chaîne, une croix avec son Christ; sur les bras
de la croix, il y avait, à droite, des tenailles, et

à gauche, un marteau, qui semblaient ne tenir à rien.

Une lumière resplendissante environnait la Mère de Dieu ; son corps ne projetait aucune ombre au soleil. Son visage, bien qu'inondé de larmes, avait un éclat incomparable ; il était impossible de le regarder fixement. Sa voix était d'une mélodie inimitable, inconnue sur la terre.

Pieux lecteur, souvenez-vous de ces paroles de la Sainte-Vierge : *Eh bien, mes enfants, vous le ferez passer à tout mon peuple.* Docile à ce commandement maternel, soyez un apôtre zélé de Notre-Dame de la Salette, pour la conversion de son peuple et pour le salut du monde.

CANTIQUES

DE

NOTRE-DAME DE LA SALETTE.

N° 1.

Ave Maria.

—

REFRAIN.

Ave Maria !
A la Salette,
Tout cœur répète
Ce chant de fête :
Maria,
Ave, Maria !

Notre-Dame de la Salette,
Qu'ici vous donnez de bonheur !
Comme aussi toute voix répète :
A vous tout amour et tout cœur !

Sur votre montagne bénie,
Je vins vous dire ma douleur;
Et vous, de mes maux attendrie,
Vous daignâtes guérir mon cœur.

Comme dans votre sanctuaire,
Je vous priais avec ardeur !
Et vous, toujours si bonne Mère,
Vous consoliez mon pauvre cœur.

Aussi vous donné-je ma vie,
Ma vie avec tout son bonheur !
Recevez, je vous en supplie,
Le retour que vous doit mon cœur.

<center>~~~~~~~~~~</center>

N° 2.

L'Apparition.

AIR : *Chrétiens qui combattons.* (Lambillote.)

Deux enfants avaient dit : «Partons pour la monta-
[gne;
» Sur les plus hauts sommets nous montons au-
[jourd'hui.
» Oh ! que le ciel est pur ! jamais, sur la campagne
» Et sur les monts, jamais un plus beau jour n'a
[lui.»

REFRAIN.

Notre-Dame de la Salette,
Vous venez du divin séjour
Faire notre conquête !
Soyez tout notre amour (*ter*).

Ils montent du *Planeau* le sentier difficile.
Pauvres petits bergers ! leurs cœurs étaient joyeux.
Et bientôt, précédés de leur troupeau docile,
Sous le regard du Ciel, ils atteignent ces lieux.

Ici, vous qui croyez à l'amour d'une Mère
Dont le cœur est toujours abreuvé de douleurs !
Entendez le récit de son angoisse amère :
Vous mêlerez bientôt vos larmes à ses pleurs.

C'était son jour béni, vers le soir, à cette heure
Où commence l'Office en l'Eglise de Dieu.
On chantait les douleurs de la Vierge qui pleure,
Lorsqu'elle se montra pleurante en ce saint lieu.

Un enfant s'écria : « Quelle est cette lumière ? »
Et ses regards fixaient la vision de feu !
Le globe en feu s'ouvrit ! Assise sur la pierre,
C'était vous, ô Marie, ô Mère de mon Dieu !

Ses deux mains soutenaient sa tête appesantie !
O Vierge sainte ! eh quoi ! debout près de la croix,
Ici vous fléchissez !... Mais, douleur infinie !
Du bras de l'Eternel vous supportez le poids !...

Et la Vierge se lève au sein de la lumière ;
Son front est couronné de célestes splendeurs.

Mais un mystère auguste a révélé la Mère :
Son visage apparaît tout inondé de pleurs.

Et les bergers tremblaient.... quand Marie auprès
[d'elle
Les appela, disant : « Venez, n'ayez pas peur !
» Enfants, je viens vous dire une grande nouvelle,
» Et faire entendre à tous les plaintes de mon
[cœur. »

Nº 3.

Le Discours et les saintes Larmes.

Air nouveau.

Reine des Cieux,
O Mère bien-aimée,
Dans les splendeurs des saints, de gloire couron-
Reine des Cieux, [née;
O Mère bien-aimée,
Pourquoi tant de tristesse et de pleurs dans vos
O bonne, ô tendre Mère, [yeux !
O Mère de Jésus !
C'est à nous de pleurer d'une douleur amère;
Mais Vous, ne pleurez plus. (*bis*.)

Elle l'a dit,
Sur la Montagne sainte,

A deux petits Enfants, le sujet de sa plainte.
Elle l'a dit,
Sur la Montagne sainte,
Et les petits Enfants en ont fait le récit.
O bonne, ô tendre Mère,
O Mère de Jésus!
C'est à nous de pleurer d'une douleur amère;
Mais Vous, ne pleurez plus. (*bis.*)

« Priez, enfants,
» Disait la bonne Mère;
» De mon Fils irrité désarmez la colère.
» Priez, enfants, »
Disait la bonne Mère;
« Comme son bras est lourd et ses traits mena-
O bonne, ô tendre Mère,   [çants! «
O Mère de Jésus!
C'est à nous de pleurer d'une douleur amère;
Mais Vous, ne pleurez plus. (*bis.*)

« Non, non, jamais
» Vous ne pourrez comprendre
» La peine que j'ai prise, au Ciel, pour vous défen-
» Non, non, jamais   [dre!
» Vous ne pourrez comprendre
» Ce que doit un enfant pour de pareils bienfaits.»
O bonne, ô tendre Mère,
Nous aimerons Jésus,
Nous voulons, par nos pleurs, apaiser sa colère;
Mais Vous, ne pleurez plus. (*bis.*)

« Vous blasphémez.
» Le saint nom que j'adore ;
» Vous profanez le Jour où Dieu veut qu'on l'ho-
        » Vous blasphémez   [nore.
» Le saint nom que j'adore !...
» Et Dieu retient le bras des Anges étonnés ! »
    O bonne, ô tendre Mère,
    Nous aimerons Jésus ;
Nous voulons, par nos pleurs, apaiser sa colère ;
    Mais Vous, ne pleurez plus. (*bis*.)

    « Dans le saint Lieu,
    » Pour vous mon Fils s'immole.
» Là, jamais de menace..... Il bénit, il console.
    » Dans le saint Lieu,
    » Pour vous mon Fils s'immole.
» Eh bien, l'on n'y va plus que pour offenser
    O bonne, ô tendre Mère,   [Dieu !»
    Nous aimerons Jésus ;
Nous voulons, par nos pleurs, apaiser sa colère ;
    Mais Vous, ne pleurez plus. (*bis*.)

    « Ils n'aiment plus,
    » Ingrats ! la sainte Eglise :
» Ses préceptes sacrés, le monde les méprise.
    » Ils n'aiment plus,
    » Ingrats ! la sainte Eglise...
» Au rang d'êtres impurs, je les vois descendus !»
    O bonne, ô tendre Mère,
    Nous aimerons Jésus ;
Nous voulons, par nos pleurs, apaiser sa colère ;
    Mais Vous, ne pleurez plus. (*bis*.)

» Et vous, enfants,
» Aimez-vous la prière?
» Ah! le matin, le soir, il faut toujours la faire!
» Oui, mes enfants,
» Faites bien la prière,
» Et portez au bon Dieu des cœurs reconnais-
    O bonne, ô tendre Mère,   [sants.»
    Nous aimerons Jésus;
Nous voulons, par nos pleurs, apaiser sa colère;
    Mais Vous, ne pleurez plus. (*bis*.)

    « Eh bien, allez
    » L'annoncer à la terre,
» Enfants, ce qui du Ciel provoque la colère.
    » Eh bien, allez
    » L'annoncer à la terre.... »
Ils l'ont fait, tendre Mère, et nos cœurs sont trou-
    O bonne, ô tendre Mère,   [blés.
    Nous aimerons Jésus;
Nous voulons, par nos pleurs, apaiser sa colère;
    Mais Vous, ne pleurez plus. (*bis*.)

    Et des hauteurs
    Que sa main a bénies,
On la vit remonter aux sphères infinies.
    Et des hauteurs
    Que sa main a bénies...
Et toujours les enfants voyaient couler ses pleurs !
    O bonne, ô tendre Mère,
    Nous aimerons Jésus;
Nous voulons, par nos pleurs, apaiser sa colère;
    Mais Vous, ne pleurez plus. (*bis*.)

Nº 4.

L'Assomption.

Air : *Ils ne sont plus les jours de larmes.*
(P. Hermann.)

REFRAIN.

Vous nous quittez, ô tendre Mère !
Le Ciel réclame son bonheur !
Mais laissez-nous, sur cette terre,
Vierge, laissez-nous votre cœur.

———

« Portez ma plainte, disait-elle,
» Au peuple que Dieu m'a donné. »
Mais, à ces mots, le Ciel l'appelle ;
L'heure suprême avait sonné. (*bis.*)

Et son front que la gloire inonde,
S'élevait au divin séjour,
Lorsqu'elle jeta sur le monde,
Un long regard de son amour. (*bis.*)

On vit son image bénie
S'effacer alors ici-bas :
Et la porte de la patrie
Se ferma soudain sur ses pas. (*bis.*)

C'en est fait, j'ai perdu ma Mère !
Le Ciel a repris son trésor :

Mais en son nom mon cœur espère,
Et son amour me reste encor. (*bis.*)

Ah ! si du moins, tendre Marie,
Mon âme emportée après vous,
Eût trouvé l'éternelle vie,
En expirant à vos genoux ! (*bis.*)

Mais non, aujourd'hui c'est la terre,
C'est le combat, c'est la douleur !
Mais demain, c'est l'heure dernière ;
Et puis vous voir ! oh ! quel bonheur ! (*bis.*)

Guidez mes pas dans la carrière,
Soyez ma force en mes combats.
Ici-bas vous fûtes ma Mère,
Au Ciel ne la seriez-vous pas ! (*bis.*)

Je pars : créez en ma faiblesse,
Un apôtre de votre amour.
A tous je redirai sans cesse :
Elle nous veut au Ciel un jour. (*bis.*)

N° 5.

Nous le jurons.

Air connu.

Enfants, voyez les pleurs de votre Mère ;
Pour vous je viens du séjour des élus.

Hélas ! hélas ! Dieu va frapper la terre...
O pécheurs ! ne l'offensez plus. (*bis.*)

REFRAIN.

Oui, nous jurons, c'en est fait pour la vie,
D'aimer Jésus, de le servir.
Renouveler vos douleurs, ô Marie !
Non, non, jamais ! plutôt mourir !
Nous le jurons, plutôt mourir ! (*bis.*)

Il est toujours le Dieu bon qui pardonne :
Mais à sa voix, chrétiens, plus de refus.
Malheur à ceux que son cœur abandonne !
Oh ! non, non, ne l'offensez plus. (*bis.*)

Ne tardez plus ; par votre indifférence
Pour tant d'amour et de bienfaits reçus,
Ne lassez pas sa bonté, sa clémence...
Oh ! non, non, ne l'offensez plus. (*bis.*)

Le saint Dimanche est un jour de prière ;
Laissez, laissez les travaux défendus.
Ainsi mon Fils le veut ; c'est votre Père,
Oh ! non, non, ne l'offensez plus. (*bis.*)

Tout front s'incline au nom du Dieu suprême,
Du doux Sauveur, de mon Fils, de Jésus !
Mais, ô douleur ! mon peuple le blasphème.
Oh ! non, non, ne l'offensez plus. (*bis.*)

Et tous les jours faites bien la prière,
Source de biens et de saintes vertus

Pour la famille où Dieu seul règne en Père.
    Oh ! non, non, ne l'offensez plus. (*bis.*)

Le saint Carême et les lois de l'Eglise,
Par mes enfants sont partout méconnus.
Mon Fils l'a dit, c'est lui que l'on méprise !
    Oh ! non, non, ne l'offensez plus. (*bis.*)

O mes enfants, écoutez votre Mère ;
S'il nous menace, il est toujours Jésus !
Oui, nous pouvons apaiser sa colère ;
    Mais jamais ne l'offensez plus. (*bis.*)

N° 6.

Pour l'Eglise.

REFRAIN.

Notre Dame de la Salette,
Tous vos enfants pleurent à vos genoux ;
Sauvez l'Eglise, écartez la tempête ;
    Mère d'amour, priez pour nous,
    Priez pour l'Eglise et pour nous.

Depuis que l'Eglise, ma Mère,
Est dans l'épreuve et la douleur,
Mon cœur sent mieux l'angoisse amère
Qui brisait ici votre cœur.

Ah ! l'Eglise est pleine d'alarmes,
Tous ses enfants versent des pleurs...
Sa douleur fit couler vos larmes,
O Mère, ô Mère de douleurs !

Vous disiez : « Mon peuple est coupable ;
» De mon Fils le bras est levé... »
Mais, ô mystère impénétrable !
L'Innocent, le juste est frappé !

Il est frappé... mais, Vierge aimée ,
Assez, assez d'affliction !...
Rappelez-vous, Immaculée,
La grande Proclamation.

De tous vos enfants c'est le Père,
Soyez sa consolation.
Il a béni, son cœur vénère
Votre sainte Apparition.

O Mère, soyez-nous propice !
L'enfer s'est armé contre nous.
Mais, ô Vierge-auxiliatrice ,
Toujours nous vaincrons avec vous.

Vous êtes la Vierge puissante,
Formidable au jour des combats !
Par Vous, l'Eglise militante,
Devant l'enfer ne tremble pas.
Nous, que le monde aime ou méprise,
Repoussant faveur et mépris ,

Toujours nous aimerons l'Eglise,
Notre-Dame et Jésus son Fils.

N° 7.

Nous avons péché:

O vous que la gloire couronne,
Jetant les yeux sur nos malheurs,
Vous avez, ô douce Patronne,
Daigné sur nous verser des pleurs!
Priez pour nous, priez sans cesse
Un Dieu justement irrité;
Changez sa fureur vengeresse
En un regard de sa bonté.

REFRAIN.

Notre Dame de la Salette,
Du Dieu qui frappe en son courroux,
Le bras est levé sur ma tête!
Mère de Dieu, priez pour nous.

Il est vrai, notre ingratitude
Irrite un Dieu saint et jaloux!
De nos péchés la multitude
Aujourd'hui retombe sur nous!

Vous nous donnâtes, pour la terre,
Six jours d'affaires, de travaux :
Et l'on vous refuse, ô mystère !
Le seul jour de votre repos.

De toute part se fait entendre
L'insulte du blasphémateur.
Ah ! Seigneur, qui pourrait comprendre
De vos traits la douce lenteur !
Vous frappez nos fruits et nos plantes,
Des saisons vous troublez le cours ;
Et, dans nos fureurs délirantes,
Nous resterons pécheurs toujours !

En présence de la colère
D'un Dieu terrible en sa fureur,
Il nous reste encor la prière
Pour soutien et pour défenseur :
Et pourtant, du Dieu qui pardonne,
Qui songe à fléchir le courroux !
Ah ! la prière..., on l'abandonne,
Nul ne sait se mettre à genoux !

Quand sur l'autel, divine Hostie,
Un Dieu répand ses pleurs, son sang !
Voit-on la foule recueillie,
Frapper sa poitrine en pleurant ?
Souvent, hélas ! un peuple immense
Abandonne les Saints Autels !
Et parfois, du Dieu qu'il offense,
Brave les regards immortels.

Profanateurs du Saint Carême,
Enfants révoltés de la Croix,
Le mondain et le chrétien même,
De l'Eglise bravent les lois.
Plus de jeûne, plus d'abstinence,
En ce siècle de volupté !
Otez, ôtez la pénitence !
C'est le cri de l'humanité.

Priez, Vierge de la Salette,
Priez pour nous. Ah ! que j'ai peur
De voir demain, sur notre tête,
Tomber les foudres du Seigneur !
Voyez nos pleurs, ô tendre Mère !
Aux pieds du trône de Jésus,
Présentez notre humble prière.
Nous jurons de ne pécher plus.

N° 8.

Son Amour.

Air connu (Lambillote.)

REFRAIN.

O Mère chérie !
Qu'en ce jour,
Toute voix publie
Votre amour !

Vous descendez, ô divine Marie,
Vous descendez sur la terre pour nous ;
Et vous pleurez les péchés de ma vie !
Oh ! donnez-moi de pleurer avec vous.

Vous vous montrez brillante et radieuse,
A deux enfants qui gardaient leur troupeau :
Et sous vos pieds, d'une eau miraculeuse,
Je vois soudain jaillir le doux ruisseau.

Je vous contemple, ô Reine incomparable !
Et dans mon cœur naît l'espoir du pardon ;
Oui, je l'espère, ô Mère tout aimable !
Après Jésus vous serez ma rançon.

Source de grâce et de vie éternelle,
Avec Jésus, vous êtes mon bonheur ;
Vous pardonnez à votre enfant rebelle,
Et votre main le conduit au Sauveur.

Vous menacez pour que je me retire
Du précipice où j'allais me jeter ;
Plus de péchés, c'en est fait, je désire,
Dès aujourd'hui, pour jamais les quitter.

Vous annoncez les divines promesses
De votre Fils au pécheur repentant ;
Je les préfère aux honneurs, aux richesses,
Aux vains plaisirs de ce monde inconstant.

Vous consolez le cœur dans la souffrance ;
Vous guérissez le corps dans la douleur !
Et vous voulez pour seule récompense,
Que nous aimions Jésus Notre-Seigneur.

Mère éplorée, ô très-douce Marie !
Je veux partout publier vos faveurs,
Et consacrer tous les jours de ma vie
A vous servir, à vous gagner les cœurs.

DERNIER REFRAIN.

O Mère chérie !
Qu'à jamais,
Toute voix publie
Vos bienfaits !

N° 9.

La Reconnaissance.

AIR : *Rassemblons-nous en ce saint lieu.*

Sainte Montagne ! heureux séjour,
Qu'a choisi la Vierge immortelle !
A vous nos cantiques d'amour,
A vous la louange éternelle !

REFRAIN.

A la Salette, au Mont chéri des Cieux,
Où la Reine des Anges
Comble de biens le pèlerin pieux,
Amour ! Honneur ! Louanges !

Qu'un autre chante les grandeurs
Et les faux plaisirs de la terre !
Pour moi, comblé de ses faveurs,
Je n'ai de chants que pour ma Mère.

Ici, j'ai retrouvé la paix,
Trésor du Ciel, parfum de l'âme !
Dans nos cœurs gardez à jamais
Ce doux présent, ô Notre-Dame !

Vous nous donnez en ce saint lieu,
Les saints désirs, les douces larmes ;
Et le pardon qui vient de Dieu,
A, près de vous, bien plus de charmes !

Si l'âme en peine, à vos genoux,
Vient vous prier dans sa détresse,
O bonne Mère au cœur si doux,
De bénir votre main s'empresse !

Ici, vous consolez toujours
Tous ceux qui pleurent sur la terre ;
Toujours vous venez au secours
De l'âme triste et solitaire.

Auguste Reine de ces lieux,
Ah ! soyez-nous bonne et propice !
Du pèlerin jusques aux cieux,
Soyez la tendre protectrice.

Et quand viendra le dernier jour,
Au Ciel, pour l'éternelle fête,
Recevez, ô Mère d'amour !
Les pèlerins de la Salette.

Gloire à l'auguste Trinité !
Gloire à Jésus ! gloire à Marie !
Dans le temps et l'éternité,
Dans l'exil et dans la patrie !

N° 10.

La Prière.

Air : *J'entends le monde qui m'appelle.*

(Lambillote.)

Salut, Montagne révérée,
Salut, Vierge, mon doux espoir !
Terre bénite et consacrée,
Enfin, mes yeux ont pu vous voir !
A vos pieds, ô Vierge sacrée,
Daignez ici me recevoir.

REFRAIN.

Du haut des Cieux, Mère auguste et chérie
Daignez sur nous répandre vos bienfaits ;
Nous le jurons à vos pieds, ô Marie !
Plutôt mourir que vous trahir jamais ! (*ter.*)

Vierge Réconciliatrice,
Apaisez le divin courroux ;
Que la grâce réparatrice
De votre Fils nous sauve tous.
O notre unique protectrice !
Nous vous prions à deux genoux.

Patronne et Reine de la France,
Vous savez toutes nos erreurs !
Rendez-nous, avec l'innocence,
La paix, les divines faveurs.
Guérissez les cœurs en souffrance,
Consolez toutes les douleurs.

Nous qu'amène en ce sanctuaire,
Séjour de grâce et de pardon,
La mémoire toujours si chère
De la sainte Apparition ;
Nous vous offrons, ô tendre Mère,
De notre cœur le faible don.

Oh ! daignez consoler les larmes
Que nous versons à vos genoux.
Votre présence a tant de charmes,
Votre œil maternel est si doux !

Espoir ! espoir ! non plus d'alarmes,
Notre Mère veille sur nous.

Couvrez d'une puissante égide
Le saint et suprême Pasteur
Qui, l'œil sur vous, reste intrépide
Dans les revers et le malheur !
Que votre main toujours le guide ;
Car votre amour fait son bonheur.

Priez pour l'âme infortunée
Que menace le divin Roi,
Et pour la brebis égarée
Loin de l'unique et sainte loi.
Espoir de l'âme délaissée,
Donnez-nous l'amour et la foi.

Vierge, l'humble enfant qui vous prie
Avec tant d'ardeur en ce jour,
A, dès l'aurore de sa vie,
Connu les dons de votre amour.
O Mère uniquement chérie,
Soyez-moi bonne sans retour.

Donnez à mes yeux la lumière,
A mon cœur le divin amour ;
Elevez-moi, par la prière,
Bien loin de ce mortel séjour.
Vierge sainte, soyez ma Mère,
Ma Mère jusqu'au dernier jour.

A votre doux cœur je confie
Tous les cœurs que chérit le mien ;
Dans les combats de cette vie
Vous serez leur puissant soutien ;
Vous serez leur Mère, ô Marie !
Et je ne désire plus rien.

N° 11.

Protégez la France.

AIR : *Vierge sainte, rose vermeille.*

C'en est fait, auguste Marie ,
Tant de crimes audacieux
Contre mon ingrate patrie
Ont armé le courroux des Cieux.
Ah! de la divine vengeance,
Quel bras peut arrêter le cours !
Le bras seul qui sauva la France
Toujours, toujours, toujours ! } *ter.*

La voix horrible du blasphème
Défie encor le Créateur ;
Et l'on voit le chrétien lui-même
Profaner les jours du Seigneur.
Vierge, désarmez la vengeance
Qui déjà punit nos forfaits.

Votre cœur oublier la France !
Jamais, jamais, jamais !   } *ter.*

Naguère encore, auguste Reine,
Nos cités, fêtant vos grandeurs,
Vous proclamaient leur Souveraine,
Malgré l'impie et ses fureurs.
Montrez, montrez votre puissance ;
Donnez-nous de plus heureux jours.
O Vierge, protégez la France
Toujours, toujours, toujours !   } *ter.*

Voyez, voyez notre misère
Vous tendre des bras suppliants !
Vous êtes toujours notre Mère
Et nous nous disons vos enfants !
A nos champs rendez l'abondance ;
Aux cœurs l'innocence et la paix....
Marie abandonner la France !
Jamais, jamais, jamais !   } *ter.*

Aux jours d'une aveugle folie,
Mille systèmes dissolvants
Inondaient déjà la patrie,
Comme les laves des volcans !
Soudain votre auguste puissance
Du torrent enchaîna le cours.
Oui, vous protégerez la France
Toujours, toujours, toujours !   } *ter.*

Souvenez-vous, tendre Patronne,
Qu'un de nos rois a consacré
Et ses Etats et sa couronne
A votre pouvoir vénéré.
Vos enfants, Mère de clémence,
Se souviennent de vos bienfaits !
Votre cœur oublier la France !   } ter.
Jamais, jamais, jamais !

N° 12.

La sainte Montagne.

Air connu.

Pourquoi cette sainte allégresse ?
Pourquoi ces chants mélodieux,
Et cette foule qui se presse
Dans ce temple et sur ces hauts lieux ?

REFRAIN.

A vous nos chants de fête,
Vierge de la Salette,
Reine des célestes faveurs ;
A vous nos chants de fête,
Vierge de la Salette,
A vous nos serments et nos cœurs !

Vous dont la cime solitaire
Disparaissait dans les hauteurs !
O Montagne aujourd'hui si fière,
Qui donc vous couvre de splendeurs ?

— « Ah ! depuis qu'une auguste Mère
» Visita mes sommets déserts,
» Je suis le Mont de la prière,
» Le rendez-vous de l'univers !

» Mes Eaux si douces et si pures ,
» Désaltèrent le voyageur :
» L'âme y dépose ses souillures,
» Et le corps souffrant sa douleur.

» Ici les fêtes sont plus belles ;
» Le cœur y chante plus heureux !
» L'on touche aux rives éternelles,
» Et l'on croit être dans les Cieux ! »

— Non, ne me parlez pas du monde,
Dont je n'entends plus le vain bruit.
Au jour dont la clarté m'inonde,
Je vois la terre qui s'enfuit !

Notre-Dame de la Salette,
Votre amour a dompté mon cœur ;
Mais ma gloire est dans ma défaite ;
Votre triomphe est mon bonheur.

Quand on a goûté tous les charmes
De votre amour plein de douceur ;
Quand on a vu couler vos larmes,
Comment vous refuser son cœur !

Je vous donne, ô tendre Marie,
Mon âme avec sa liberté,
Tout mon bonheur, toute ma vie,
Mon amour, mon éternité !

N° 13.

Saints Transports.

Air nouveau.

REFRAIN.

O Montagne bénie
Où je voudrais mourir !
Vous serez de ma vie
Le plus doux souvenir.

} *bis.*

Je disais à ma Mère :
Oh ! ne verrai-je pas

La Montagne si chère,
Les traces de vos pas ;
Et la source bénie
Qui naquit de vos pleurs,
Quand vous disiez, Marie,
Vos suprêmes douleurs !

Je disais ma prière,
Plein d'espoir tous les jours ;
Car la divine Mère
Nous exauce toujours...
Oui ! c'est Elle, c'est Elle
Qui m'a pris par la main ;
Et la Vierge fidèle
M'a fait son pèlerin.

O ma chère Salette !
Mont sacré, lieux bénis !
Mon cœur est tout en fête,
Mes vœux sont accomplis.
O pieux sanctuaire !
Séjour délicieux !
Le Ciel est sur la terre,
La terre monte aux Cieux !

O mon âme ! ô mon âme !
O bienfait ! ô bonheur !
Tout mon être s'enflamme
D'une nouvelle ardeur !

Comment !... c'est ici même
Qu'elle a versé des pleurs !
Que la Vierge que j'aime,
Racontait ses douleurs !...

Ici, d'un cœur de Mère
C'est le suprême effort :
Pour lui, c'est le Calvaire,
Pour nous, c'est le Thabor !
O douce Notre-Dame !
Vous avez, dès ce jour,
Tout l'amour de mon âme,
Mon éternel amour !

Et vous-même, à sa vue,
Quand Elle vint, un jour,
N'étiez-vous pas émue,
O Montagne d'amour !
Vous frémissez encore,
Sous ses pas immortels !
Je le sens quand j'adore
Au pied de ces autels !

N° 14.

La Fête.

Air connu.

REFRAIN.

O ma Salette,
Mon cœur vous fête
Avec amour.
Par vous la terre
Sans crainte espère,
En ce beau jour !

—

Sur la colline,
Mère divine,
Coulaient vos pleurs !
O Mère tendre,
Faites comprendre
Tant de douleurs !

O Notre-Dame,
Puisse mon âme
Pleurer d'amour !

Que je vous aime
Plus que moi-même,
Et sans retour !

Ici, ma Mère,
Sur ce Calvaire
De la douleur,
Toujours si bonne,
Votre main donne
Le vrai bonheur.

Aimable Reine,
Toute âme en peine,
Tout cœur souffrant,
Pécheur ou juste,
O Vierge auguste,
Est votre enfant.

Votre parole
Soutient, console
Dans tout malheur.
Votre voix sainte
Bannit la crainte
Et la douleur.

O tendre Mère !
Soyez sur terre,
Jusques aux Cieux,

Notre espérance :
De la souffrance
Comblez les vœux.

Votre main guide
L'enfant timide
En son chemin.
Dans leur épreuve,
Gardez la veuve
Et l'orphelin.

Comme l'enfance
Et l'innocence,
Daignez bénir,
Avec clémence,
La pénitence,
Le repentir.

Par vous, ma Mère,
L'Eglise espère
Des jours heureux !
Donnez au monde
La paix profonde
Qui vient des cieux !

Et de ma vie
Je vous confie
Le dernier jour,

La dernière heure,
Pour que je meure
Dans votre amour.

~~~~~~~~

N° 15.

Le Soir de la Fête.

AIR : *Vois à tes pieds, Vierge Marie.*

(Lambillote.)

Vierge d'amour ! Rose mystique !
Je viens, le soir de ce beau jour,
Vous dire mon dernier cantique,
Et mes serments, et mon amour.

REFRAIN.

Le soir de votre douce fête,
Voici nos cœurs, Mère, pour vos bienfaits.
Non, vos enfants, Vierge de la Salette,
Ne vous oublieront jamais !
Non ! non ! non ! non ! jamais !
Non ! non ! jamais !
~~~~~~~~

Votre fête, ô divine Mère,
Passée au pied de votre autel,
N'est pas un jour de cette terre...
Non ! c'est une fête du Ciel !

L'autel paré, les fleurs bénies,
Les flots d'encens, les chants pieux,
Tout parlait aux âmes ravies,
Tout parlait du bonheur des Cieux.

Comme en l'éternelle patrie,
Les cœurs disaient leurs saints transports ;
Et des saints Anges l'harmonie
Semblait s'unir à nos accords.

Qu'êtes-vous, ô fêtes du monde,
Auprès des fêtes du saint lieu !
Ah ! quelle douce joie inonde
L'âme inclinée aux pieds de Dieu !

Il semblait que de notre Mère
L'Image sainte, aux yeux si doux,
Souriait à chaque prière
Que nous disions à ses genoux.

Oui, toujours je jure, ô Marie,
De vous aimer, d'aimer Jésus.
Mais vous, fêtes de la patrie,
Fêtes sans fin, ne tardez plus !

Ne tardez plus, céleste fête !
Trop long exil, hâte, hâte ton cours !
Au Ciel bientôt, Vierge de la Salette,
Nous vous aimerons toujours !
Toujours ! toujours ! toujours !...
Toujours ! toujours !

N° 16.

Le Ciel en est le prix !

Air connu.

REFRAIN.

Le Ciel en est le prix !
Vierge de la Salette,
Il sera ma conquête,
Vous me l'avez promis !
Le Ciel (*ter*) en est le prix ! (*bis*)

Le Ciel en est le prix !
Mais écoutez ma plainte,

Observez la loi sainte
Que vous donna mon Fils.
Le Ciel (*ter*) en est le prix ! (*bis*)

Le Ciel en est le prix !
Son courroux te menace !
Rends-moi, pécheur, de grâce,
Le jour que tu m'as pris.
Le Ciel (*ter*) en est le prix ! (*bis*)

Lè Ciel en est le prix !
Au Nom que tout adore,
Et qu'on blasphème encore,
Chrétiens, plus de mépris !
Le Ciel (*ter*) en est le prix ! (*bis*)

Le Ciel en est le prix !
Soyez, sur cette terre,
Des enfants de prière,
Et vous serez bénis !
Le Ciel (*ter*) en est le prix ! (*bis*)

Le Ciel en est le prix !
Mon Fils, Sainte Victime,
S'immole pour ton crime,
Au saint Lieu que tu fuis !
Le Ciel (*ter*) en est le prix ! (*bis*)

Le Ciel en est le prix !
L'abstinence est facile,
Si ton cœur est docile
Au Dieu du crucifix.
Le Ciel (*ter*) en est le prix ! (*bis*)

Le Ciel en est le prix !
Mais faites pénitence ;
Au Dieu que l'on offense
Portez des cœurs contrits.
Le Ciel (*ter*) en est le prix ! (*bis*)

Le Ciel en est le prix !
Au repentir je donne
L'immortelle couronne,
Au sein du Paradis !
Le Ciel (*ter*) en est le prix ! (*bis*)

Le Ciel en est le prix !
A la faible nature,
La croix paraît bien dure ;
Mais, enfants, je vous dis :
Le Ciel (*ter*) en est le prix ! (*bis*)

N° 17.

Sur la terre comme aux cieux.

Air de saint Casimir.

Que la terre au Ciel s'unisse
Dans sa jubilation !
Que tout l'univers bénisse
La sainte Apparition !

REFRAIN.

Doux mystère
De ma Mère,
Qu'on vous célèbre en tous lieux ;
O Salette,
Qu'on vous fête
Sur la terre comme aux Cieux.

A jamais les chants de gloire
De la céleste Sion
Célèbrent votre mémoire,
O sainte Apparition !

A vous gloire, honneur, louanges,
Amour, bénédiction !
C'est le cantique des Anges,
O sainte Apparition !

Unis aux saintes Phalanges,
Dans leur admiration,
Les Saints chantent vos louanges,
O sainte Apparition !

Dans l'exil tout vous implore,
Douce consolation !
Tout vous prie et vous honore;
O sainte Apparition !

O d'amour gage suprême,
O douce dévotion !
Mon cœur vous bénit, vous aime,
O sainte Apparition !

Donnez-nous pardon et grâce,
Faveur et protection;
Le Dieu jaloux nous menace,
O sainte Apparition !

Donnez à tous assistance :
Aux pécheurs conversion,
Aux justes persévérance,
O sainte Apparition !

O Dieu de toute puissance,
Suprême adoration !
A vous la reconnaissance,
O sainte Apparition !

Et mon vœu, douce Marie,
Et ma résolution,
C'est d'aimer, toute ma vie,
La sainte Apparition !

⁓⁓⁓⁓⁓⁓⁓

N° 18.

Un Amour éternel.

REFRAIN.

Dans votre sanctuaire,
En ce jour solennel,
Je vous jure, ô ma Mère,
Un amour éternel. (*ter*)

—

C'en est fait : pour la vie,
Je vous donne mon cœur ;

Mais vous, Mère chérie,
Calmez votre douleur.

Pour les péchés du monde
Vos larmes ont coulé ;
Quelle douleur profonde,
O cœur immaculé !

O ma très-douce Mère,
O Mère de Jésus,
Je promets, pour vous plaire,
De ne l'offenser plus.

Ils ne font plus envie,
Le monde et tous ses riens,
A mon âme ravie
Par l'amour des vrais biens.

Le saint jour de prière
Appartient au Seigneur ;
Il aura, sur la terre,
Tout l'amour de mon cœur.

Je l'aime et je l'adore
Le Nom béni de Dieu ;
Je veux l'aimer encore
En tout temps, en tout lieu.

Douce Voix maternelle,
A vos enseignements
Je veux être fidèle,
Jusqu'aux derniers moments.

Et, par ma pénitence,
Je veux, et dès ce jour,
Expier mon offense,
Mériter votre amour.

A la fin de la vie,
Vous chanter tous en chœur
Sera, dans la patrie,
Notre éternel bonheur.

N° 19.

Les Adieux.

Air connu.

Mon cœur s'émeut et ma voix pleure :
C'en est donc fait, il faut partir !
Heureux séjour, sainte demeure,
Il faut vous quitter sans mourir !

REFRAIN.

Je pars, adieu, Mère chérie ;
Mais à jamais, dans ce saint lieu,
Gardez mon cœur, Vierge Marie !
Adieu, ma tendre Mère, adieu ! (*bis.*)

Douce Vierge de la Salette,
Auprès de vous, mes jours heureux
Coulaient dans cette paix parfaite,
Que j'avais cru n'être qu'aux cieux !

C'est là que mon âme attendrie
Aimait à prier chaque jour ;
Dans ces lieux où, Mère chérie,
Coulèrent tant de pleurs d'amour !

J'ai vu la trace qu'ont empreinte
Vos pieds, en ce lieu de douleur !
Et cette trace toute sainte,
Je l'ai baisée avec bonheur !

Ah ! malheur à moi si j'oublie
Les dons que votre amour m'a faits !
Je n'ai rien, je n'ai que ma vie !
Prenez-la pour tant de bienfaits !...

J'irai partout, écho fidèle
De la voix qui parle en ce lieu,

Dire sa plainte maternelle,
Et rappeler les droits de Dieu !

Adieu ! plein de reconnaissance,
Je vais où me veut le devoir :
Mais mon cœur garde l'espérance
De revenir un jour vous voir !

DERNIER REFRAIN.

Je pars, adieu, Montagne sainte,
Trône de la Mère de Dieu !
O vous le témoin de sa plainte,
Adieu, Sainte Montagne, adieu ! (*bis.*)

────

N° 20.

A la Mère des Douleurs.

CHANT DE L'ÉGLISE.

Stabat Mater dolorosa
Juxta crucem lacrymosa,
Dum pendebat Filius.

Cujus animam gementem,
Contristatam et dolentem,
Pertransivit gladius.

O quam tristis et afflicta
Fuit illa benedicta,
Mater Unigeniti !

Quæ mœrebat et dolebat,
Pia Mater, dum videbat
Nati pœnas inclyti.

Quis est homo qui non fleret,
Matrem Christi si videret
In tanto supplicio ?

Quis non posset contristari,
Christi Matrem contemplari
Dolentem cum Filio !

Pro peccatis suæ gentis
Vidit Jesum in tormentis,
Et flagellis subditum.

Vidit suum dulcem Natum
Moriendo desolatum,
Dum emisit Spiritum.

Eia Mater, fons amoris,
Me sentire vim doloris
Fac ut tecum lugeam.

Fac ut ardeat cor meum
In amando Christum Deum,
Ut sibi complaceam.

Sancta Mater, istud agas,
Crucifixi fige plagas
Cordi meo valide.

Tui nati vulnerati,
Tam dignati pro me pati,
Pœnas mecum divide.

Fac me tecum pie flere,
Crucifixo condolere,
Donec ego vixero.

Juxta Crucem tecum stare,
Et me tibi sociare
In planctu desidero.

Virgo virginum præclara,
Mihi jam non sis amara :
Fac me tecum plangere.

Fac ut portem Christi mortem,
Passionis fac consortem,
Et plagas recolere.

Fac me plagis vulnerari,
Fac me cruce inebriari,
Et cruore Filii.

Flammis ne urar succensus,
Per te, Virgo, sim defensus,
In die Judicii.

Christe, cum sit hinc exire,
Da per Matrem me venire
Ad palmam victoriæ.

Quando corpus morietur,
Fac ut animæ donetur
Paradisi gloria. Amen.

Nota. — *Indulgence de cent jours* chaque fois *qu'on le récite.*

N° 21.

Litanies de la Sainte Vierge.

—

Kyrie eleïson.
Christe eleïson.
Kyrie eleïson.
Christe, audi nos.
Christe, exaudi nos.
Pater de cœlis, Deus,
Fili Redemptor mundi, Deus,
Spiritus Sancte, Deus,
Sancta Trinitas, unus Deus,
Sancta Maria, ora pro nobis.
Sancta Dei Genitrix,
Sancta Virgo Virginum,
Mater Christi,
Mater divinæ gratiæ,
Mater purissima,
Mater castissima,
Mater inviolata,
Mater intemerata,
Mater amabilis,
Mater admirabilis,

Mater Creatoris,
Mater Salvatoris,
Virgo prudentissima,
Virgo veneranda,
Virgo prædicanda,
Virgo potens,
Virgo clemens,
Virgo fidelis,
Speculum justitiæ,
Sedes sapientiæ,
Causa nostræ lætitiæ,
Vas spirituale,
Vas honorabile,
Vas insigne devotionis,
Rosa mystica,
Turris Davidica,
Turris eburnea,
Domus aurea,
Fœderis arca,
Janua cœli,
Stella matutina,
Salus infirmorum,
Refugium peccatorum,
Consolatrix afflictorum,
Auxilium christianorum,
Regina Angelorum,
Regina patriarcharum,
Regina prophetarum,
Regina apostolorum,
Regina martyrum,

Regina confessorum,
Regina virginum,
Regina sanctorum omnium,
Regina sine labe concepta,

Ora pro nobis.

Agnus Dei, qui tollis peccata mundi, parce nobis, Domine.

Agnus Dei, qui tollis peccata mundi, exaudi nos, Domine.

Agnus Dei, qui tollis peccata mundi, miserere nobis.

Christe, audi nos.

Christe, exaudi nos.

℣ Ora pro nobis sancta Dei Genitrix,
℟ Ut digni efficiamur promissionibus Christi.

OREMUS.

Gratiam tuam, quæsumus, Domine, mentibus nostris infunde, ut qui Angelo nuntiante Christi Filii tui incarnationem cognovimus, per passionem ejus et crucem ad Resurrectionis gloriam perducamur : Per eumdem Christum Dominum nostrum. Amen.

Nota. — *Indulgence de trois cents jours, chaque fois qu'on les récite.*

LITANIES

de

NOTRE-DAME DE LA SALETTE.

LITANIES.

SEIGNEUR, ayez pitié de nous.
Jésus-Christ, ayez pitié de nous.
Seigneur, ayez pitié de nous.
Jésus-Christ, écoutez-nous.
Jésus-Christ, exaucez-nous.
Dieu le Père des Cieux où vous êtes assis, ayez pitié de nous.
Dieu le Fils, Rédempteur du monde, ayez pitié de nous.
Dieu le Saint-Esprit, ayez pitié de nous.
Trinité sainte, qui êtes un seul Dieu, ayez pitié de nous.
Notre-Dame de la Salette, Réconciliatrice des pécheurs, priez pour nous.
Notre-Dame de la Salette, soutien des justes, priez pour nous.
Notre-Dame de la Salette, guérison des malades, priez pour nous.
Notre-Dame de la Salette, consolatrice des affligés, priez pour nous.
Notre-Dame de la Salette, qui êtes apparue à de pauvres enfants des Alpes pour nous donner de graves avertissements, priez pour nous.

Notre-Dame de la Salette, qui versiez des larmes en songeant aux péchés des hommes, priez pour nous.

Notre-Dame de la Salette, qui nous avez fait entendre les menaces du Seigneur afin que nous nous convertissions, priez pour nous.

Notre-Dame de la Salette, qui par vos supplications retenez le bras du Seigneur irrité contre nous, priez pour nous.

Notre-Dame de la Salette, qui avez dit : *Si mon peuple ne veut pas se soumettre, je suis forcée de laisser aller le bras de mon Fils*, priez pour nous.

Notre-Dame de la Salette, qui priez continuellement votre divin Fils, afin qu'il nous fasse miséricorde, priez pour nous.

Notre-Dame de la Salette, qui avez tant de peine à cause de nos péchés, priez pour nous.

Notre-Dame de la Salette, qui méritez toute notre reconnaissance, priez pour nous.

Notre-Dame de la Salette, qui, après avoir donné vos avertissements aux enfants sur la Montagne, leur avez dit : *Eh bien, mes Enfants, vous le ferez passer à tout mon peuple*, priez p. nous.

Vous qui avez annoncé aux hommes des châtiments terribles, s'ils ne se convertissent pas, priez pour nous.

Vous qui leur annoncez la miséricorde et le pardon, s'ils reviennent à Dieu, priez pour nous.

Vous qui promettez des grâces abondantes si l'on fait pénitence, priez pour nous.

Vous dont l'Apparition miraculeuse a retenti dans les deux mondes, priez pour nous.

Vous dont les prodiges s'étendent en tous pays, priez pour nous.

Vous dont le culte s'accroît chaque jour, priez pour nous.

Vous dont les bienfaits ravissent tous vos enfants, priez pour nous.

Vous qu'on n'invoque pas en vain, priez pour nous.

Vous qui avez fait jaillir à vos pieds une eau miraculeuse, priez pour nous.

Vous qui, à l'exemple de Jésus, rendez la vue aux aveugles, le mouvement aux paralytiques, la santé aux malades, priez pour nous.

Vous qui consolez toutes les infortunes, priez pour nous.

Vous qui êtes apparue resplendissante de clarté, priez pour nous.

Vous qui portiez sur la poitrine le crucifix et des instruments de la Passion, priez pour nous.

Vous qui nous avez avertis de sanctifier le jour du Seigneur, si nous voulons éviter des châtiments terribles, priez pour nous.

Vous qui avez dit que le travail du dimanche et le blasphème excitent particulièrement la colère de Dieu, priez pour nous.

Vous qui nous avez reproché de ne point garder les jeûnes et abstinences de l'Eglise, priez pour nous.

Vous qui nous avez annoncé les fléaux de Dieu, si l'on continuait à violer ses commandements, priez pour nous.

Vous qui avez recommandé la prière du matin et du soir, priez pour nous.

Par votre puissante protection, délivrez-nous des maux qui nous menacent, ô Marie!

Pauvres pécheurs que nous sommes, convertissez-nous, ô Marie!

Dans l'accomplissement de nos devoirs, aidez-nous, ô Marie!

Dans la solide piété, affermissez-nous, ô Marie!

Dans la pratique continuelle de toutes les vertus, encouragez-nous, ô Marie!

Dans nos joies, soyez avec nous, ô Marie !

Dans nos douleurs, soutenez-nous, ô Marie !

Dans tous les événements de la vie, obtenez-nous une soumission entière à la volonté de Dieu, ô Marie !

Agneau de Dieu qui effacez les péchés du monde, pardonnez-nous, Seigneur.

Agneau de Dieu qui effacez les péchés du monde, exaucez-nous, Seigneur.

Agneau de Dieu qui effacez les péchés du monde, ayez pitié de nous, Seigneur.

Sainte Marie, Mère de Dieu, priez pour nous,

Afin que nous soyons dignes des promesses de Jésus-Christ.

ORAISON.

O Dieu, qui ne cessez de nous montrer combien la dévotion envers la très-sainte Vierge Marie vous est agréable ; par les prodiges multipliés que nous obtient son intercession, faites-nous la grâce d'être toujours fidèles aux enseignements qu'elle nous donne, afin qu'après avoir observé vos commandements dans cette vie, nous ayons le bonheur de vous posséder pendant toute l'éternité. Ainsi soit-il.

—

Eh bien, mes Enfants, vous le ferez passer à tout mon Peuple !

———

Nous soussigné, Evêque de Grenoble, approuvons les Litanies ci-dessus en l'honneur de Notre-Dame de la Salette, et nous accordons quarante jours d'indulgence aux personnes qui les réciteront avec piété.

Donné à Grenoble, le 15 janvier 1855.

† PHILIBERT, *Evêque de Grenoble.*

ARCHICONFRÉRIE

DE

N.-D. RÉCONCILIATRICE DE LA SALETTE.

SERVA MANDATA.

OBSERVEZ LES COMMANDEMENTS.

Jusqu'au jour de la consommation de toutes choses, un seul *iota* ne sera pas retranché de la loi. — Si quelqu'un n'écoute pas l'Église, regardez-le comme un païen et un publicain. *Paroles de N.-S. Jésus-Christ.*

Si mon peuple ne veut pas se soumettre, je suis forcée de laisser aller le bras de mon Fils : il est si lourd et si pesant que je ne puis plus le retenir. Depuis le temps que je souffre pour vous autres ... ! Si je veux que mon Fils ne vous abandonne pas, je suis chargée de le prier sans cesse ; et pour vous autres, vous n'en faites pas cas.

Paroles de la Très-Sainte Vierge.

CERTIFICAT D'ADMISSION.

M

a été agrégé   à la Confrérie de N.-D. Réconciliatrice de la Salette, canoniquement établie dans notre église.

A   le   18

Le Directeur,

ORIGINE ET BUT DE L'ARCHICONFRÉRIE.

Peu de temps après la mémorable Apparition du 19 septembre 1846, une association de prières et de bonnes œuvres, sous le vocable de Notre-Dame Réconciliatrice, se forma dans le sanctuaire de la Salette. Elle fut érigée canoniquement par Mgr Philibert de Bruillard. Le 24 septembre 1852, par un Bref de ce jour, N. S. P. le Pape Pie IX l'éleva au rang d'archiconfrérie pour l'univers catholique.

Le but de cette pieuse Association est : 1° de fléchir, par l'entremise de la Sainte Vierge, la colère du Seigneur, justement irrité à cause de la violation publique et scandaleuse de ses commandements et des lois de son Eglise ; 2° de prier ardemment pour la conversion des pécheurs ; 3° de travailler avec zèle à sa propre sanctification.

Notre siècle s'est rendu coupable de trois grands crimes : Il a abandonné le culte qu'il devait à Dieu ; il a audacieusement profané le saint Nom de Dieu ; il a désobéi à l'Eglise de Dieu. Or, c'est la loi de ce triple respect, respect du culte de Dieu, respect du saint nom de Dieu, respect de l'Eglise de Jésus-Christ, loi prêchée solennellement par Notre-Dame de la Salette ; c'est cette loi, aussi nécessaire à l'homme qu'à la société, que les membres de l'Archiconfrérie doivent s'appliquer à faire revivre sur la terre par leurs prières, par leurs paroles et par leurs exemples. Pour atteindre ce but, si digne de leurs efforts, les Associés s'adonneront spécialement à la pratique des points suivants :

I. — Ils prieront souvent Notre-Dame de la Salette, afin que, par son entremise, ils fassent une sainte violence au cœur de Dieu, de ce Dieu si outragé, mais si désireux de pardonner au repentir. Chaque jour, ils réciteront un *Pater* et un *Ave Maria*, suivis de cette invocation : Notre-Dame de la Salette, Réconciliatrice des pécheurs, priez sans cesse pour nous, qui avons recours à vous.

II. — Ils observeront avec la plus exacte fidélité et feront observer, sans crainte comme sans faiblesse, à tous ceux qui leur sont soumis, les commandements de Dieu et de l'Eglise, surtout le 2ᵉ et le 3ᵉ commandements de Dieu, et les 5ᵉ et 6ᵉ commandements de l'Eglise, si formellement rappelés par la Reine du Ciel dans son apparition.

III. — *Ils feront passer à tout le peuple de Marie* les plaintes, les menaces, les recommandations et les larmes de cette auguste Mère, le jour de son apparition sur la montagne de la Salette. C'est là, pour des enfants, une bien douce obligation.

IV. — Ils auront une tendre dévotion, une confiance entière en Notre-Dame de la Salette. Une mère si pleine d'amour et de sollicitude pour ses enfants de la terre, mérite d'être aimée de tous les cœurs.

V. — Les membres de l'Archiconfrérie n'oublieront pas qu'ils doivent être surtout les fidèles imitateurs de la *mortification*, de la *patience* et de la *pureté* de Marie, afin d'offrir au Ciel, par ses mains, la vraie *expiation* que réclame le Fils de Dieu dans sa trop juste colère.

VI. — Ils pratiqueront, les uns à l'égard des autres, la plus tendre charité, considérant qu'ils sont les enfants d'une même famille et d'une même Mère. Cette charité s'étendra à tous leurs autres frères, quelque égarés qu'ils soient. Que ce soit là la marque à laquelle le monde les reconnaîtra pour de vrais serviteurs de Marie et pour les apôtres de son Apparition.

FAVEURS ET PRIVILÉGES.

Les Associés ont une part spéciale à toutes les bonnes œuvres offertes à Dieu, sur la montagne de la Salette, par les Missionnaires et par les Religieuses, et, dans tout l'univers, par tous les membres de l'Archiconfrérie.

De plus, le premier samedi de chaque mois, on offre à l'autel de N.-D. de la Salette, le Saint Sacrifice de la Messe pour tous les associés vivants et morts, et pour les bienfaiteurs du Sanctuaire.

Par un Bref en date du 26 août 1852, le Souverain Pontife accorde à tous les membres de l'Archiconfrérie les indulgences suivantes :

1. Une *Indulgence plénière* le jour de leur réception, pourvu qu'ils se confessent et communient saintement.

2. Une *Indulgence plénière*, chaque année, le 19 septembre ou le dimanche suivant, fête patronale de l'Archiconfrérie, désignée par Mgr l'Evêque de Grenoble, aux termes du Bref. Pour la gagner, il faut se confesser vraiment pénitent, communier, visiter l'Eglise ou l'Oratoire de la Congrégation, et y prier selon les intentions du Souverain Pontife.

3. Une *Indulgence de sept ans et sept quarantaines*, aux quatre fêtes suivantes, désignées par Mgr de Grenoble, aux termes du même Bref : le 2 février, fête de la Purification ; le jour de la Compassion de la Sainte-Vierge ; le 16 juillet, fête de Notre-Dame du Mont-Carmel ; le 21 novembre, fête de la Présentation de la Sainte-Vierge, si, après s'être confessés et avoir communié, ils visitent l'Eglise ou l'Oratoire de la Confrérie, et y prient quelques instants.

4. Une *Indulgence de soixante jours*, pour chaque œuvre de piété ou de charité accomplie en état de grâce.

5. Enfin, une *Indulgence plénière* à l'article de la mort, si après s'être confessés avec repentir, ils reçoivent la sainte communion. S'ils sont dans l'impossibilité de le faire, ils invoqueront de bouche, ou, ne le pouvant, de cœur, le saint Nom de Jésus.

Toutes ces indulgences sont applicables aux âmes du purgatoire.

Nota. — Pour participer à toutes ces faveurs, il est nécessaire et il suffit: 1º de faire inscrire ses noms de baptême et de famille, ou son nom de religion, sur le registre de l'Association ; 2º de réciter chaque jour un *Pater* et un *Ave Maria*.

Imprimatur :

ORCEL, *vic. gén.*

TABLE

SUIVANT L'ORDRE DES MATIÈRES.

TABLE

PAR ORDRE ALPHABÉTIQUE.